(Par le marquis de La Gervaisais.)

(Par le marquis de La Gervaisais.)

Écrits distribués aux Chambres, et envoyés aux Journaux de Paris, de province.

DE LA MATIÈRE IMPOSABLE.

Les impôts qui nuisent à la formation des produits, ressemblent à une dîme qu'on lèverait sur les semences, au lieu de la lever sur les moissons. (*Économie de M. de Sismondi*).

DE LA LIMITE DE L'IMPOT.

Le tabac étant un objet de luxe, chacun en achète ou n'en achète pas, suivant qu'il lui plaît : mais le sel étant un objet de nécessité, chacun est contraint d'en acheter la même quantité.......

Ceux qui considèrent le sang du peuple comme rien, peuvent peut-être approuver ce mode de lever les subsides. (*Smith*, vol. 3, p. 388).

DES CONDITIONS DE L'IMPOT.

Tout paie : pour peu qu'on réfléchisse sur les droits établis, il paraîtra que leurs auteurs ont voulu punir la nature des dons qu'elle nous a fait; et qu'ils ont risqué de rendre la terre inculte, en fatiguant ces malheureux qui épargnent aux autres hommes les pénibles travaux de la culture. (*M. Mallet, 1er commis de Desmaretz*).

DE LA LOI ÉCONOMIQUE.

La production agricole aurait grand besoin qu'on diminuât ses frais, et qu'on lui laissât plus de capitaux....

Il faut qu'elle se développe dans la même proportion que la production industrielle, pour qu'elles se paient mutuellement. (*M. Laffitte*, 1829).

LE POUVOIR ET LE DROIT. Les députés et les électeurs veulent au nom du peuple.... Les électeurs sont la pensée du peuple pour les choix, comme les députés sont sa pensée pour les lois. (*M. de Pastoret*, ventôse, an V).

LES BESOINS ET LES DROITS. L'Etat doit à tous les citoyens une subsistance assurée, un vêtement convenable et un genre de vie qui ne soit pas contraire à la santé. (*Esprit des lois*; liv. XXIII, chap. 29).

LE PEUPLE ET LE NON-PEUPLE. Comme de vivre est le premier des besoins; aussi de vivre est le premier des droits : cela étant de suprême évidence, que les droits sont nés dans la société, selon le même ordre, sous la même règle, que la société est née des besoins. (*Les besoins et les droits*: page 46).

LA LOI DU BESOIN. Où il n'y a rien, le roi perd ses droits.

Où il n'y a que de quoi exister, il n'y a rien : car il faut être, avant d'avoir. (*La Loi des circonstances*, 1830).

PARIS. — IMPRIM. D'A. PIHAN DELAFOREST,
Rue des Noyers, n. 37.

LA LOI
DU BESOIN.

DOGME SOCIAL.

Où il n'y a rien, le roi perd ses droits.
Où il n'y a que de quoi exister, il n'y a rien; car il faut être, avant d'avoir.
(*La Loi des Circonstances*, p. 73, 1830.)

PARIS,
A. PIHAN DELAFOREST,
IMPRIMEUR DE LA COUR DE CASSATION,
RUE DES NOYERS, N° 37.
1832.

Le genre humain avait perdu ses titres : Montesquieu les a retrouvés.

Cela se passait sous l'ancienne monarchie. Qu'est-il advenu à travers tant de révolutions?

Les titres ont encore été perdus, ou plutôt ont été dérobés par ceux-là même qui avaient charge de les faire valoir.

« Tout pour le peuple.

« L'homme naît à la vie, et la société naît de l'homme.

« La vie est l'œuvre ; la société est l'outil. L'outil est commandé pour l'œuvre.

« Rien par le peuple.

« La société est née de l'homme, après que l'homme est né à la vie.

« La société est au service de la vie : le service doit être adapté aux fins ». (*Le Peuple et le Non-Peuple*, 1832.)

Tout pour le peuple; rien par le peuple.

Tout pour qui a besoin: rien par qui n'a moyen.

Or l'axiome est scindé: les deux maximes sont disjointes.

Le moyen n'est pas consacré au besoin.

Les droits politiques sont exercés au détriment des droits sociaux.

On avait à éviter l'action du peuple : on vient exciter le peuple à la réaction.

Et cela d'un bord comme de l'autre.

Les conseils de la restauration n'ont pas su entendre que la classe bourgeoise étant son ennemie née, il fallait se donner les cœurs, les bras des classes populaires.

Les agens de la révolution ne peuvent comprendre que celle-là s'étant alliée à celles-ci, ayant triomphé par elles, il fallait les rendre au repos, au bien-être.

Restauration, révolution ont de même trahi le devoir, auront de même à subir la peine.

*Extraits de l'*Esprit des Lois.

Dire qu'il n'y a rien de juste ni d'injuste, que ce qu'ordonnent ou défendent les lois positives; c'est dire qu'avant qu'on eût tracé de cercle, tous les rayons n'étaient pas égaux...

Avant toutes les lois, sont celles de la nature; ainsi nommées parce qu'elles dérivent uniquement de la constitution de notre être. Pour les connaître bien, il faut considérer un homme, avant l'établissement des sociétés. (Liv. 1er, ch. 1 et 2).

Sitôt que les hommes sont en société, l'égalité qui était entre eux cesse, et l'état de guerre commence.

Chaque société particulière vient à sentir sa force : ce qui produit un état de guerre de nation à nation. Les particuliers dans chaque société, commencent à sentir leur force; *ils cherchent à tourner en leur faveur les principaux avantages de cette société;* ce qui fait entre eux un état de guerre. (Liv. 1er, chap. 3).

....

Ce n'est point à ce que le peuple peut donner, qu'il faut mesurer les revenus publics; mais à ce qu'il doit donner; et si on les mesure à ce qu'il peut donner, il faut que ce soit du moins à ce qu'il peut toujours donner. (Liv. 13, ch. 2).

Dans l'impôt de la personne, *la proportion injuste serait celle qui suivrait exactement la proportion des biens.* On avait divisé à Athènes les citoyens en quatre classes : ceux qui retiraient de leurs biens cinq cents mesures de fruits, payaient un talent; ceux qui en retiraient trois cents mesures devaient un demi-talent : ceux qui avaient deux cents mesures payaient la sixième partie d'un talent; ceux de la quatrième classe ne donnaient rien. *La taxe était juste, quoiqu'elle ne fût pas propor-*

tionnelle: si elle ne suivait pas la proportion des biens, *elle suivait la proportion des besoins.* On jugea que chacun avait un *nécessaire physique égal*, *que ce nécessaire physique ne devait point être taxé;* que l'utile venait ensuite, et qu'il devait être taxé, mais moins que le superflu; que la grandeur de la taxe sur le superflu, empêchait le superflu. (Liv. 13, ch. 7).

Si l'Etat proportionne sa fortune à celle des particuliers, l'aisance des particuliers fera bientôt monter sa fortune. Tout dépend du moment; l'Etat commencera-t-il par *appauvrir les sujets pour s'enrichir?* Ou attendra-t-il que des sujets à leur aise, l'enrichissent? Aura-t-il le premier avantage? ou le second? *Commencera-t-il par être riche, ou finira-t-il par l'être?* (Liv. 13, ch. 7).

Pour que le prix de la chose et le droit puissent se confondre dans la tête de celui qui paie, il faut qu'il y ait quelque rapport entre la marchandise et l'impôt; et que, sur une denrée de peu de valeur, on ne mette pas un droit excessif. Il y a des pays où le droit excède de dix-sept fois la valeur de la marchandise. Pour lors le prince ôte l'illusion à ses sujets; ils voient qu'ils sont conduits d'une manière qui n'est pas raisonnable, *et qui leur fait sentir leur servitude au dernier point.* (Liv. 3, ch. 8).

....

Supposant le nécessaire physique, égal à une somme donnée, le luxe de ceux qui n'auront que le nécessaire, sera égal à *zéro;* celui qui aura le double, aura un luxe égal à un; celui qui aura le double du bien de ce dernier aura un luxe égal à trois; quand on aura encore le double, on aura un luxe égal à sept; de sorte que le bien du particulier qui suit, étant toujours supposé double de celui du précédent, le luxe croîtra du double plus une unité, dans cette progression, 0, 1, 3, 7, 15, 31, 63, 127. (Liv. 7, ch. 1).

Comme par la constitution des monarchies, les richesses y sont inégalement partagées, il faut bien qu'il y ait du luxe. Si les riches n'y dépensent pas beaucoup, les pauvres mourront de faim. Il faut même que les riches y dépensent à proportion de l'inégalité des fortunes ; et que, comme nous avons dit, le luxe y augmente dans cette proportion. *Les richesses particulières n'ont augmenté que parce qu'elles ont ôté à une partie des citoyens le nécessaire physique ; il faut donc qu'il leur soit rendu.* (Liv. 7, chap. 4.)

Voilà l'esprit des belles ordonnances des empereurs chinois : « Nos anciens, *dit un empereur de la famille de Tang*, tenaient pour maxime que s'il y avait un homme qui ne labourât point, ou une femme qui ne s'occupât point à filer, quelqu'un souffrait le froid ou la faim dans l'empire.... »

« Notre luxe est si grand, dit *Kiayventi*, que l'ouvrier « orne de broderies les souliers des jeunes garçons et des « filles. » Tant d'hommes étant occupés à faire des habits pour un seul ; le moyen qu'il n'y ait bien des gens qui manquent d'habits? Il y a dix hommes qui mangent le revenu des terres, contre un laboureur ; le moyen qu'il n'y ait pas bien des gens qui manquent d'alimens. (Liv. 7, chap. 6.)

. . . .

Quelques aumônes que l'on fait à un homme nu dans les rues, ne remplissent point les obligations de l'état, *qui doit à tous les citoyens une subsistance assurée, la nourriture, un vêtement convenable, et un genre de vie qui ne soit point contraire à la santé.......*

Les richesses d'un état supposent beaucoup d'industrie. Il n'est pas possible que dans un si grand nombre de branches de commerce, il n'y en ait toujours quelqu'une qui souffre et dont par conséquent les ouvriers ne soient dans une nécessité momentanée. C'est pour lors que l'état a besoin d'apporter un prompt secours, soit pour empêcher le peuple de souffrir, soit pour éviter qu'il ne se révolte ; c'est dans ce cas qu'il faut des hôpitaux, ou quelque réglement équivalent, qui puisse prévenir cette misère (Liv. 23, chap. 29).

. . . .

Les dépenses des peuples d'Asie n'augmentent point,

parce qu'on n'y fait point des projets nouveaux ; et si par hasard on y en fait, ce sont des projets dont on voit la fin, et non des projets commencés. Ceux qui gouvernent l'état ne le tourmentent pas, parce qu'ils ne se tourmentent pas sans cesse eux-mêmes. (Liv. 13, chap. 15.)

Les peuples, au lieu de cette suite continuelle de vexations, que l'avarice subtile des empereurs avait imaginée, se virent soumis à un tribut simple payé aisément, reçu de même; plus heureux d'obéir à une nation barbare, qu'à un gouvernement corrompu; dans lequel ils souffraient tous les inconvéniens d'une liberté qu'ils n'avaient plus, avec toutes les horreurs d'une servitude présente. (Liv. 13, chap. 16.)

....

Tout est perdu, lorsque la profession lucrative des traitans parvient encore par ses richesses à être une profession honorée. Cela peut être bon dans les états despotiques; cela n'est pas bon dans la république; et une chose pareille détruisit la république romaine. Cela n'est pas meilleur dans la monarchie ; rien n'est plus contraire à l'esprit de ce gouvernement. Un dégoût saisit tous les autres états: l'honneur y perd toute sa considération : les moyens lents et naturels de se distinguer ne touchent plus; et le gouvernement est frappé dans son principe. (Liv. 13, chap. 20.)

Si l'esprit de commerce unit les nations, il n'unit pas de même les particuliers; nous voyons que dans les pays où l'on n'est affecté que de l'esprit de commerce, on trafique de toutes les actions humaines, et de toutes les vertus morales : les plus petites choses, celles que l'humanité demande, s'y font ou s'y donnent pour de l'argent. (Liv. 20, chap. 2.)

Laissons la légitimité, la souveraineté, formules abstraites; qui à l'avènement des problèmes politiques, tantôt apportent et tantôt refusent leur solution.

Dans l'âge avancé de la société européenne, tant de brêches ont été opérées à l'une, et tant de fraudes se sont opérées quant à l'autre, que le titre primitif s'est altéré, effacé.

La conduite de Ferdinand vis-à-vis son père, et de Nicolas vis-à-vis son frère; puis l'envahissement des couronnes de Suède et de Portugal; surtout la livraison de la Pologne, la Belgique, la Norvège, et la répartition des Etats allemands, italiens, ont aboli le prestige de la légitimité.

Tandis que la réussite des révolutions françaises et suisses, que la tentative des insurrections italiennes, allemandes, n'ont montré, sous le voile spécieux de la souveraineté, que l'asservissement de la majorité paisible, par l'audacieuse minorité.

Des deux bords, les fauteurs même, ont renié d'avance par leurs actes, la thèse qu'ils soutiennent encore en paroles.

L'un et l'autre système n'ont plus à se parer des insignes du dogme; lequel est de sa nature inviolable, inaltérable. Il leur reste seulement, suivant les occurrences, à faire valoir des raisons de convenance.

C'est ailleurs, c'est plus haut qu'il faut chercher et saisir le principe incréé du droit.

Dans l'ordre social, il apparaît d'abord que le droit doit être en accord, en harmonie, avec le besoin commun et général.

Le besoin existe de lui-même : le droit vient le nourrir, le garantir. Le besoin règne, commande : le droit sert, obéit.

Le droit s'exerce pour le besoin, et s'exerce par le pouvoir.

Le besoin, le droit, le pouvoir : voilà les élémens et agens sociaux ; l'un inné, essentiel, immuable ; les autres créés, accidentels, variables.

C'est le but : et ce sont les moyens.

Le but étant suprême, tous les moyens sont valables, dès-lors qu'ils travaillent à l'atteindre ; et sont d'autant plus valables qu'ils parviennent à en approcher.

La source dont ils dérivent, mérite à peine d'être considérée, vis-à-vis les voies qu'ils suivent.

Dans l'origine, le fait souvent fortuit, souvent frauduleux ou violent, ouvre l'issue au pouvoir.

A la suite, le laps de temps revêt le pouvoir au moins en apparence, des caractères du droit.

Alors il tombe à la charge du pouvoir, du droit d'expier le vice de naissance, de valider le fait antérieur, par les faits subséquens.

L'acte crée le titre en tel cas; comme en tel autre, il l'annulle.

Tout gît dans l'acte : attendu que l'acte seul approche ou éloigne du but.

Le but ou le besoin est chose palpable, constante, est chose de l'ordre réel et non de l'ordre idéal.

Ni vœux, ni desirs, ni sentimens ne l'abordent, ne l'affectent : il appelle, il attend l'acte.

Or l'acte exige le pouvoir.

D'où le pouvoir tel quel, est apte par son exercice, à fonder le droit : et le droit tel quel, est sujet à s'éteindre, par le manque de pouvoir.

C'est ainsi qu'il se peut que le droit ancien s'évanouisse, et que le fait nouveau se légitime.*

C'est ainsi qu'il se peut, sous la loi de l'équité transcendante, que celui-ci se substitue à celui-là.

Le pouvoir étant la condition indispensable, si le droit le perd, son titre est périmé : il retombe au rang d'un fait suranné.

Tandis que le fait qui a acquis le pouvoir, rencontre dans son usage, la capacité de s'élever, de s'instaler au siège du droit.

Ce peu de mots porte la condamnation ou l'absolution de toute révolution : en montrant comment elle est ou n'est pas légitime en son origine : comment elle se fait ou ne se fait pas légitime par sa marche.

Le besoin : ce mot ne se rencontre pas dans le glossaire politique ; où le droit, vaine et vague expression, se voit maintefois retracé.

Ce mot est rélégué au dictionnaire économique ;

où le droit, pris dans l'entente la plus fausse, en couvre, en obscurcit le sens.

Tantôt la liberté et l'égalité, s'affichent sous le nom de droit : bien que leur exercice doive être trop souvent paralysé par le besoin.

Tantôt la propriété est inaugurée à titre de droit : bien qu'encore le besoin doive souvent en limiter l'usage.

Que le droit envisagé sous ces divers rapports, soit consacré : cette règle est utile au même point qu'elle est possible.

Mais que le besoin soit sacré : ce dogme est en tout cas, équitable, profitable.

L'un est increé et l'autre procréé : l'un existe de nature, d'essence ; l'autre naît de hasard et vit d'emprunt.

Le besoin est général, est universel : au lieu que le droit est spécial, est partiel.

Le besoin est commun à tous, égal entre tous : au lieu que le droit est divers, inégal.

Il y a le besoin public : il n'y a que le droit privé.

Le besoin à bien l'entendre, constitue le droit unique, le droit total, le droit éternel.

Le droit ainsi qu'il est entendu, ne représente que tel ou tel besoin, que certain besoin, que le moindre besoin trop communément.

Là, c'est le principe de sorte immuable, dont émanent toutes les conséquences.

Ici, c'est l'une ou l'autre conséquence d'espèce variable, qui dérive du seul principe.

Le droit, simple conséquence, n'est légitime qu'autant qu'il agit en vue du besoin, principe suprême.

Le droit devient anathême, dès-lors qu'il s'exerce à l'encontre du besoin.

Dans la vérité morale, le besoin, le droit se confondent, ne font qu'un.

Dans la réalité sociale, ils se séparent, se divisent; celui-ci devant partir de celui-là et devant lui revenir.

Le droit n'est efficace que par l'usage du pouvoir, et le besoin est inepte à l'emploi du pouvoir.

Aux premiers temps de l'association, le besoin commun, fort simple alors, était doué d'un organe, était saisi d'une arme.

Bientôt comme en Grèce et à Rome, afin de prolonger cet état de choses, il fallut resserrer la cité entre quatre murs.

C'est-à-dire que la république, que la forme politique où le pouvoir est manoeuvré par le besoin, ne présentait plus que la fiction, la déception la plus hideuse.

Hors de là, le besoin commun abdique le pouvoir et le délègue à quelque besoin privé, qui peut en user mieux que lui, qui ne doit en user que pour lui.

Ainsi naît le droit : ainsi naît le pouvoir.

Le besoin privé est installé à titre de droit, quant aux points politiques à régler : il est investi à charge de devoir; quant à la fin sociale à remplir.

Et cela, soit que le sort ou le choix ait déterminé le type monarchique, olygarchique, démocratique : entre lesquels, la préférence s'établit d'après l'extension et la corruption des sociétés.

Comme aussi le devoir s'efface devant le droit, à peu près suivant ce rapport : la monarchie n'étant plus entraînée en ce sens, qu'à raison des circonstances qui la nécessitent.

Alors, viennent les plaintes, les reproches, mais en vain; puis les troubles, les émeutes, non sans effet; enfin les concessions souvent avec excès, souvent avec retour.

Les révolutions suivent.

Il était temps de s'élever au point culminant des doctrines de la sociabilité, afin de mettre la raison et la conscience à portée de se décider en connaissance de cause.

Jusque là, et tant que leur vol timide ne cesse pas de raser le sol, au moindre souffle des vents les plus variables, elles ne savent où se prendre.

Eh ! qu'il y ait enfin une révolution en vue du besoin commun et non pas du besoin privé; en vue du droit essentiel et non plus du droit éventuel.

Qu'il y ait une révolution, à la charge de réhabiliter le besoin légitime, de l'installer au faîte, et de réprimer le droit légal, de l'abaisser à son juste rang.

Qu'il y ait une révolution, à l'effet de reconnaître la valeur absolue de l'homme, et de garantir le montant du nécessaire :

Comme à l'effet de considérer la valeur relative de l'homme et de répartir en raison du mérite, du démérite, les faveurs, les rigueurs.

Tout ce qui a cœur, applaudit et concourt.

Il n'importe que l'existence privée s'y perde, s'y fonde en entier.

La part de vie qui est ainsi enlevée, qui s'évanouit ainsi, est remplacée avec usure par la part plus large attribuée dans la vie publique.

Si l'homme réduit à sa personnalité se voit rapetissé; aussi le citoyen vivant en communauté, s'agrandit en même raison que la cité même.

Autrement, nulle révolution n'est juste ni utile, et par conséquent n'est paisible ni durable.

Des flots de sang à répandre; une masse de bien être à perdre; des fruits à dessécher et des germes à étouffer; des larmes et des crimes à se répondre.

Surtout et toujours, malheur à l'innocence, mépris à la vertu; et profit à la ruse, succès à l'audace!

Enfin, le sentiment religieux altéré, annulé; qui seul sur cette terre, où tout est d'un bord et rien de l'autre, rendait tolérable la société comme elle était, comme elle sera!

Et le ciel effacé de l'ame : qui offrait quelque compensation, s'ouvrant à la souffrance, se fermant devant les jouissances.

Voilà ce qu'il en advient.

Quel est le motif, le but d'une telle révolution, de toute révolution de droit? Rien autre chose que de transmuter de l'un à l'autre type politique, monarchie, olygarchie, démocratie :

Ou plutôt sous l'égide de ces vains signes, de transférer certains êtres, du plus bas au plus haut de l'échelle sociale.

Ne parlons pas des hommes : ceux-ci et ceux-là se succèdent, se supplantent tour à tour. On ne sait auquel s'arrêter.

Le crime est à chacun; le lucre à aucun.

Quant aux types, ce ne sont que formes impalpables, indifférentes en elles-mêmes.

L'une comme l'autre est apte à servir le besoin; l'une comme l'autre se refuse à remplir ce devoir.

A peine y a-t-il plus ou moins de chances : si bien que celle qui est, vaut le mieux; les frais et les risques du passage étant ainsi épargnés.

Arrière les révolutions de droit! fussent-elles frappées au coin de la république, bien que le mot soit synonyme, la chose publique n'a rien à gagner.

En stricte vérité, ce n'est que rébellion lors de l'attaque, qu'usurpation après le triomphe :

Non pas que l'ordre existant se fût fait un titre en travaillant à l'œuvre sacrée : mais parce que le système remplaçant, ne tend pas vers cette fin, de sorte à se faire un titre.

Des deux bords, il y a de même usurpation.

Seulement celle-là est voilée par le laps du temps, est implantée au sol des habitudes : et si elle n'avance pas le bien, du moins elle n'apporte pas le mal.

Au lieu que celle-ci subite, violente, à la fois arrête le bien, amène le mal.

Qu'on voie 1789 : et le bien matériel retardé d'un quart de siècle en son cours progressif; et le mal moral hâté, accéléré d'un siècle peut-être.

Qu'on voie 1830 : et la richesse s'accumulant en quelques mains; la misère s'aggravant parmi les masses; la brigue et la fraude envahissant le pouvoir.

C'est que 1789, 1830 sont de cette sorte de révolutions, où le droit simule et supplante le besoin, où le besoin privé écarte, étouffe le besoin commun.

Révolutions qui, bien loin de servir la population proprement dite, trouble les esprits et livre les bras à la merci d'une coterie.

Enfin il faut l'apprendre.

Le droit politique tel qu'on l'entend, est l'ennemi aussi lâche que traître du besoin social.

Les révolutions de droit ne sont que des révoltes, sinon contre le système légal, au moins contre l'ordre légitime.

Devant la loi suprême du besoin, et le droit reconnu par le temps, et le droit appuyé sur la force, de même restent sans titres :

Le premier innocent, car il ne sait ni ne veut : le second criminel, car il sait, il veut.

Du besoin commun, émane le droit social : du besoin privé, dérive le droit politique.

Le droit social implique la légitimité, en prenant ce mot dans son acception vraie.

Le droit politique ne rentre dans la légitimité, qu'en tant qu'il se rapporte au droit social.

La monarchie même, où le droit politique est foncièrement resserré en un seul être, ne possède point la légitimité en principe, ne l'acquiert que par les conséquences.

La république, où le droit politique est formellement étendu à tous les citoyens, possède la légitimité dans la forme, et la perd communément par les actes.

En tout cas, le droit social est le but ; le droit politique n'est que le mode. Celui-ci est appelé à légaliser celui-là, à se légitimer ainsi.

De là, toute révolution contracte des devoirs impérieux, encourt des périls imminens.

S'il s'ensuit seulement l'établissement d'un nouveau droit politique, ce ne sont que pertes sèches en existences et en fortunes, en autorité et en moralité :

Le droit social étant indifférent à cette transmutation.

Dès-lors, elle est illégitime autant qu'illégale.

Sa criminalité ne se borne pas aux maux présens qu'elle opère; et s'étend jusqu'aux maux futurs qu'elle amène.

Il existait un ordre tel quel, raffermi par le poids des siècles et garanti par la force d'inertie : lequel tolérait au moins le bien et adoucissait quelque peu le mal.

Car dans l'état de calme, l'opinion éclairée, pénètre insensiblement, se propage universellement.

Mais l'ordre ancien est détruit : et les esprits deviennent ici exigeans, là récalcitrans; partout à l'excès.

Mais un nouveau système prétend s'ériger : et chaque thèse politique se croit en droit, se sent en état de se faire valoir à son tour.

Aussi l'expiation ne tarde pas à être subie.

La conquête, la révolte même, sauf qu'il n'y a moyen de se laver du sang répandu, se réhabilite parfois.

A qui répare le mal et prépare le bien, le droit arrive : ainsi que le droit se retire, de qui aggrave le mal, entrave le bien.

Le titre ne fait pas le droit : et plutôt l'acte fait le droit.

Autrement, le droit est transmis, comme le droit est acquis, sous l'injonction, avec la condition de satisfaire le besoin.

Ici, rien de tout cela.

C'est un cupide, un stupide égoïsme qui possède, qui bouleverse les têtes.

C'est une imperceptible minorité qui se joue de l'immense majorité.

Or comme l'égoïsme, par manque de cœur, manque aussi de sens; comme la minorité n'a le choix qu'entre la fraude et la violence, tout accélère, tout précipite la réaction.

Même à bien dire, ce n'est pas que la réaction survienne : c'est seulement que l'action continue.

Quelque minorité astucieuse, artificieuse est parvenue à séduire l'opinion, à détruire le pouvoir, à se subroger en son lieu, à s'investir du droit politique.

Ainsi les voies sont tracées et les barrières brisées.

Des gens étaient au-dessus de vous : et cela vous déplaisait; et il a fallu les mettre à bas.

Maintenant vous êtes au-dessus d'autres gens; et cela leur déplaira; et il faudra vous mettre à bas.

Un jour, quelqu'autre minorité séduit aussi, détruit aussi, et se subroge, s'investit de même.

Sans cesse ce jeu recommençant, la portion insurgée devient de plus en plus excentrique, devient enfin la majorité, la presque totalité.

Et voilà l'ère de la démagogie, ou de la dissolution sociale, par voie d'expropriation, d'extermination.

Car c'est la double loi sociale, que rien ne puisse être fait par les masses; que tout doive être fait pour les masses.

Certes, rien n'est plus déplorable dans les résultats et quant à la nation innocente.

Mais aussi rien n'est plus équitable en principe et quant à la faction criminelle.

Elle a tout renversé : et sous les ruines, le bien que préparaient les temps, se trouve confondu avec le mal qu'amène la crise.

Elle n'a rien fondé : et le mal qui dérive de la crise subversive, n'est pas compensé par le bien que promet l'avenir équivoque (1).

Qu'elle périsse donc.

Il n'y aura de larmes, ni de ceux qu'elle a voués aux regrets, ni de ceux dont elle a fraudé les espoirs.

---

(1) Moi au contraire, je conclus précisément des désappointemens du passé, qu'en révolution l'on ne sait jamais bien où l'on va ; que le mal auquel on s'expose, est certain, et le bien que l'on recherche, tout au moins douteux.

(*Journal du Commerce* : 22 août.)

La sociabilité a aussi sa révélation : dont l'instinct moral est l'organe, l'oracle.

La divinité parle du dehors : la conscience parle en dedans.

De même, l'une et l'autre ne manquent à être entendues que dans l'enivrement des passions, dans l'hébêtement des préjugés.

La sociabilité a ses dogmes innés d'origine, absolus de nature, immuables dans les temps, inaltérables de lieux en lieux.

Ou plutôt elle n'a qu'un dogme, un dogme unique, suprême : car sous les titres dont il est investi, nul autre n'apparaît.

Son nom suffit pour en porter la connaissance, pour en montrer l'évidence :

La loi du besoin : tel est le dogme social.

Dans le mot *besoin*, l'expression est si simple, l'acception est si claire, qu'il n'y a ni motif, ni moyen d'en donner quelque définition.

C'est plus que l'être, c'est la vie même qui a besoin.

Si le besoin n'est satisfait nulle part, la vie se retire ; la mort règne.

S'il n'est pas satisfait partout, la vie et la mort se rencontrent face à face, luttent ensemble, et triomphent tantôt l'une, tantôt l'autre.

Là, c'est le néant; ici le chaos.

La vie a besoin; et la vie a droit. La vie est l'ame du monde: le monde existe par elle, n'existe pas sans elle.

Comme tout fait en provient, tout droit lui appartient.

En principe, en essence, il n'y a de droit que le droit de vie; les autres droits n'étant que ses dérivés.

Le droit de vie porte ce titre sacré, qu'en lui seul réside le caractère de l'égalité.

Afin d'être dispensée universellement, uniformément, il faut que la mesure d'existence soit resserrée sous les plus étroites limites.

Et les limites de la vie sont les dernières, par-delà lesquelles, rien ne reste.

Il y a plus: la mesure d'existence commandée par le droit de vie, appropriée au besoin de vie, est pareille, est constante.

D'où encore, l'égalité se rencontre là: au lieu qu'ailleurs, ce n'est qu'une rêverie renouvelée des Grecs.

Veut-on de l'égalité?

Elle n'existe que dans la consécration du droit de vie, dans la satisfaction du besoin de vie.

D'autant que ce besoin, ce droit, est le même pour chacun, le même entre tous.

Tout autre droit est fictif, est relatif dans son action, en raison de la capacité différente.

Celui-ci seul est réel, est absolu en son exercice, à l'ordre de la nécessité éternelle.

Seulement, selon que le fonds social hausse ou baisse de valeur, la part personnelle augmente ou diminue.

Le fonds commun est légué au besoin commun.

Voilà la loi du besoin, installée au faîte, investie du droit; et reconnue pour seule loi, pour toute loi.

Est-elle violée ? Dès-lors, il n'y a qu'iniquité générale, permanente. Est-elle observée ? à peine il y a injustice spéciale, temporaire.

Il fallait la rétablir en son rang, sous son titre.

Le mot du besoin commun était trop clair, trop net : le mot vague et vain de l'intérêt général, lui a été substitué.

Pourtant, leur sens est contraire.

La loi du besoin commun prescrit l'entretien de la vie individuelle : dont l'action doit apporter et puissance et matière, à la société.

La loi de l'intérêt général tend au maintien, au progrès de la vie sociale : d'où chaque être doit, dit-on, extraire des ressources de plus en plus étendues.

C'est-à-dire que suivant l'une, la Société est faite pour l'homme ; que suivant l'autre, l'homme a été fait pour la société.

Or, dans ce dernier cas, les existences coalisées s'emparent de tous les profits, ne laissant que les peines aux existences éparpillées.

Et celles-ci perdent en vigueur, baissent de

travail, manquent à l'œuvre, cessant d'enrichir, de renforcer la société.

Ainsi qu'il apparaît à chaque siècle, quant aux siècles précédens; et maintenant au siècle industriel, vis-à-vis le siècle féodal.

Ainsi qu'il apparaîtra de même aux siècles futurs, pour le siècle présent; au siècle encore inconnu, à l'égard du siècle industriel.

Le mot *besoin*, en son entente primitive, dans son acception immédiate, expose un fait de l'ordre matériel.

Puis, étant pris à titre d'image, il exprime un fait de l'ordre intellectuel.

En disant le besoin physique, le besoin moral, la conception est pareille, l'application est dissemblable.

C'est toujours l'être, ou comme ayant un corps, ou comme ayant une ame; au sein duquel s'enfante l'effet désigné sous le nom de besoin.

Lequel effet intérieur doit être suivi, et ne peut être entretenu que par un acte extérieur.

Car, si l'un ou l'autre besoin n'est point satisfait, la vie physique, la vie morale, viennent à s'éteindre.

Ces deux mots rendent de même, l'idée des conditions à remplir, quant à l'homme à part, quant aux hommes en rapport.

Leur accomplissement est de même obligatoire au plus haut degré, et seul à un tel degré.

Ici, il faut dire que le besoin physique oblige en tête, exige au préalable.

Le corps porte l'ame, comme l'ame souffle le corps : si la matière ne répond, l'esprit n'a plus à parler.

Le besoin physique doit être tenu en première ligne : car avant qu'il soit contenté, on tenterait en vain de satisfaire le besoin moral.

De plus, la prééminence lui est déférée à ce juste titre, que l'œuvre est plus retrécie, est mieux déterminée.

Quant au besoin moral, il n'est servi qu'à un certain point d'approximation ; il commande jusqu'au dernier point d'illimitation.

Sous les rapports de religion, de famille, de société, et des sciences, des lettres, des arts, chaque siècle a, ce semble, la charge de l'étendre, de le développer; sans qu'aucun terme final se laisse entrevoir dans l'avenir.

Au lieu que le besoin physique, d'abord est rempli en une manière exacte; ensuite est restreint sous une mesure constante.

L'appétit qui en rend l'expression, se montre fixe et absolu : bien que les alimens appropriés à la tâche soient divers et relatifs.

Du reste, l'œuvre est surtout obligée, alors que l'astre de la civilisation, a été chassé de son orbite régulier, et se montre sous des phases de plus en plus anomales.

De toute part, résonne le mot de progrès.

Or ce mot a un sens, si on n'envisage que la loi de l'intérêt général : et ce mot est un contresens, pour peu qu'on apprécie la loi du besoin commun.

Certes, la société matérielle, en la prenant en bloc, en n'en saisissant que l'aspect, est en état de progrès.

Certes, la vanité doit se glorifier de l'art qui fut appliqué ; et la cupidité doit se féliciter du lucre qui est retiré.

Mais l'humanité, mais la moralité gémissent et pâtissent.

C'est que la société n'est plus entendue que sous la vague et vaine formule de l'intérêt général, de l'intérêt public, dit-on.

C'est que l'idéalité, en ce qu'elle embrasse une immensité de faits, ravit l'esprit et l'enlève à la réalité qui les présente dans leur isolement.

La forme l'emporte sur le fond. La froide abstraction de l'intérêt général est consacrée ; tandis que la notion sensible du besoin commun est méconnue.

D'autant il y a progrès sous le faux point de vue, d'autant il y a recul dans le vrai sens.

Le besoin commun est en déclinaison, dans le même rapport que l'intérêt général est en ascension.

La civilisation de cette sorte, fonctionne, ce semble, à l'instar d'une mécanique à vapeur, où les bobines mises en action par un moteur extérieur, travaillent à discrétion, et déposent leur œuvre, aux mains de l'ordonnateur.

Il faut entendre M. Say lui-même.

« Un homme qui ne fait qu'une même opération, devient moins capable de tout autre, soit physique, soit morale. Il en résulte une *dégénérescence* dans l'homme considéré individuellement....

« Cette incapacité pour plus d'un emploi, rend plus dure la condition des travailleurs. Ils ont moins de facilité pour réclamer une part *équitable* dans la valeur totale du produit...

« Un tel ouvrier n'est qu'un *accessoire* qui, séparé de ses confrères, n'a plus ni capacité, ni indépendance, et qui se trouve forcé d'accepter la loi qu'on juge à propos de lui imposer. (*Extrait du Phalanstère*, *n°* 9).

Il y a antagonisme entre le besoin et l'intérêt : leurs lois respectives sont incompatibles.

Le besoin est inné, est réel, est absolu. Sa mesure reste pareille pour chacun, immuable en tout cas.

L'intérêt est inventé, est idéal, est relatif : ses limites sont diverses, variables suivant les temps, les lieux.

A l'origine des sociétés, le fonds commun équivaut à peu près au besoin, et s'emploie, s'épuise à le satisfaire.

Par la suite, le fonds commun augmente de masse; et le besoin demeure stationnaire : de sorte que sa satisfaction laisse un résidu disponible.

Ce résidu s'offre pour pâture légitime à l'intérêt : d'autant que l'intérêt, alléché par l'appât, seul lui donna l'existence, et seul promet son accroissement.

Car le besoin, tout impérieux qu'il est, ne commande point par-delà sa stricte mesure, et s'arrête à ce terme, ou même se retient en deçà : la paresse naturelle n'étant pas stimulée par l'élan intellectuel.

Au lieu que l'intérêt est excité, exalté au gré de l'imagination; devant laquelle nulle borne, nulle barrière n'apparaît dans l'espace.

L'Italie, l'Angleterre offrent les deux exemples.

Arrière donc les niveleurs, les réacteurs qui se refusent à protéger l'intérêt agissant, à garantir l'intérêt existant.

Ainsi le fonds commun s'altérerait, s'amoindrirait; au lieu de s'améliorer en raison du nombre progressif des ayans droit.

Et le besoin pâtirait de plus en plus.

Mais aussi cet effet désastreux menace de se réaliser par la voie contraire.

Dans la marche des sociétés, l'intérêt est trop accoutumé à envahir outre mesure, à prévaloir sur le besoin.

Là sont les lumières; ici sont les forces : les

unes qui se rallient, se coalisent; les autres qu'on isole, qu'on disperse.

D'abord et long-temps, l'intérêt triomphe.

Non-seulement il se saisit du résidu disponible: mais encore il empiète, il usurpe sur le fonds commun.

Et de même, le besoin pâtit.

Et tôt ou tard, il se révolte; et détruit tout, dévore tout; et s'enterre sous les ruines, se noie dans une mer de sang.

C'est que le principe de sociabilité a été méconnu: c'est que l'état social ainsi dénommé par habitude, est devenu vraiment insociable.

La fausse civilisation, la civilisation du siècle, presse et précipite le cours sinistre des choses.

Déja l'intelligence s'éclairait et la volonté s'animait: déja les masses cessant d'être brutes, cessaient aussi de rester mornes.

Les révolutions sont survenues: et renversant l'ordre politique, elles ont ébranlé l'ordre social.

Qu'un mouvement soit juste ou non, utile ou non; de même il se propage peu à peu, il se communique partout.

Après que les droits relatifs se sont insurgés, ont triomphé; le droit absolu s'insurgera, triomphera.

Or le droit absolu, c'est le droit de vie; d'où émane la loi du besoin.

Toute révolution, pour être loyale et légitime, comme pour se faire stable et durable, doit être inspirée par le droit, être dirigée vers le besoin.

Alors, il y a rénovation : autrement, il y a subversion.

En ce dernier cas, la crise se borne à une transmutation de noms souvent avec peine, à une commutation de lois souvent avec perte.

Justement, c'est ce qui arrive.

La liberté, l'industrie sont les idoles du jour : d'abord rivales dans leur culte; et de plus hostiles au peuple.

On fait de la liberté : ou plutôt on se fait de la liberté à soi-même, à soi seul; on se fait de l'autorité avec son aide, sous son égide.

Et cette autorité sert à bâtir la légalité : et cette légalité sert à river la servilité.

On fait de l'industrie : à la condition qu'au moyen des mécaniques, elle soit monopolisée en peu de mains.

Et cette industrie concentre les richesses, étend, accroît la pauvreté.

Ainsi, de jour en jour, l'intérêt envahit sur le besoin : l'un gagne, l'autre perd.

Ici on souffre; et c'est pour les neuf dixièmes et plus : là on jouit; et c'est chez un dixième à peine.

La civilisation est prise à rebours; la sociabilité est mise au rebut.

Il s'ouvre une nouvelle ère de barbarie, sous l'enseigne du libéralisme, à l'ordre de l'olygarchisme.

Car la barbarie n'est autre chose que l'immolation du besoin, sur les autels de l'intérêt.

La forme n'importe en rien : le fait seul marque et compte.

Une révolution entreprise dans l'esprit du dogme sociable, accomplie dans le sens du besoin commun, est encore à naître.

Jusqu'à présent, l'intérêt général a servi de motif ostensible, et l'intérêt particulier a servi de mobile réel, à toute révolution.

Toujours l'intérêt général a été mis en avant : attendu que ce mot étant vague et équivoque, l'intérêt particulier, après la victoire remportée, devait sans peine le supplanter au partage des dépouilles.

Jamais il n'a été fait état du besoin commun ; parce que le sens en est si clair, si simple, que le besoin privé craignait avant le combat, de lui ouvrir la lice, et n'espérait pas après le combat, le mettre de côté.

L'intérêt particulier analogue au besoin privé, trame seul le complot, ravit seul le profit, au mépris du besoin commun, en fraude de l'intérêt général.

C'est-à-dire, qu'il n'y a qu'usurpation de la force, que subversion de l'ordre, que violation du dogme.

C'est-à-dire, que la réaction telle qu'elle soit,

dès-lors qu'elle tend à la restauration, à la consécration du dogme, est légitime, est même obligatoire.

Ce peu de mots présente, sinon l'excuse, au moins la cause de cet enchevêtrement de révolutions opérées depuis quarante ans.

L'une comme l'autre déloyalement conçue, illibéralement conclue, encourut l'anathême, sanctifia la révolte.

Toute réaction possédait en principe, le droit de la combattre, de la vaincre ; et par sa marche, perdait le droit de durer, cédait le droit de la renverser.

C'était un cercle vicieux, dont la révolution actuelle, ne tient pas ce semble, à briser la chaîne, à rompre le charme.

Même, bien loin que la foudre coup sur coup éclatée, ait porté une lumière tutélaire, tous les partis éblouis, aveuglés, errent de plus en plus.

Il faut voir comment, de crises en crises, les esprits ont dégénéré, ainsi que les ames se sont dégradées.

Comme si, et le cœur et la tête, arrachés du sol, balotés dans le vague, de moins en moins savaient où se reprendre.

La constituante issue de race monarchique et nourrie dans les vieilles moeurs, suivit la droite ligne ; plutôt sous l'inspiration du sentiment, que par la détermination du raisonnement.

Il fut donné par elle, quelque satisfaction à la loi du besoin commun.

D'abord, l'abolition de la gabelle et des aides, des barrières intérieures, des entraves industrielles eut lieu aux acclamations unanimes.

Puis, la suppression des dîmes, des corvées, des justices s'opéra ; non sans les plaintes fondées du droit existant.

Ici et peut-être par suite, la force manqua : et l'intérêt dit général, l'intérêt apparent de la propriété s'opposa avec succès à l'érection, à l'extension des impôts directs.

Il laissa le trésor vide, et occasiona ainsi la création des assignats, la vente des biens ecclésiastiques.

La propriété en se refusant aux voeux de la justice, évoqua les premières rigueurs de l'iniquité.

De même que le royalisme du palais, des salons, des châteaux, enhardissant et irritant à la fois, par des concessions après coup, par des résistances à contre-temps, attira la foudre menaçante.

La convention survint, formée au sein brûlant des orages, et porta un coup mortel à la propriété, trop punie de n'avoir pas cédé à propos; par la confiscation des biens d'émigrés et la destruction des rentes prétendues féodales.

Mesures sinistres, qui limitées, ce semble, à un seul fait, et commandées, dit-on, par les circonstances, ont réagi jusqu'aux sources du droit, ont mis à découvert le principe tutélaire.

Mesures malencontreuses qui, au lieu de servir la cause du besoin commun, favorisèrent indûment l'intérêt particulier; et au lieu de soulager l'infortune, créèrent par la spoliation, de nouvelles richesses.

Le directoire, autant que la force lui en fut donnée, essaya de rentrer dans les justes voies, en élevant les droits de mutation, en érigeant l'impôt mobilier sous un mode quelque peu progressif.

L'empire au contraire, non sans avoir replâtré la brèche faite à la propriété, par la restitution des biens non vendus, ne tarda pas à rétablir sous d'autres noms, et la gabelle et les aides;

Ménageant les classes aisées, dont l'opinion perce et circule même sous les chaînes du despotisme; et méprisant les classes misérables, dont les mouvemens étaient comprimés par les armes.

Arrive la restauration; autre sorte de révolution, qui devait clore la liste des crises, et n'a su que leur ouvrir une carrière maintenant illimitée.

Avec moins de motifs, moins de moyens, ses ministres adoptent une marche analogue.

D'abord, la taxe du sel est augmentée, les droits réunis sont réhabilités, et les impôts personnels exagérés.

Puis le dégrèvement porte presque en entier sur la contribution foncière; sans qu'aucun allègement soit octroyé aux masses indigentes.

La dernière révolution éclate et suit les mêmes

traces : étant aussi dirigée par l'espèce agioteuse, par la race censitaire ; lesquelles ne voient rien, l'une en dehors de la bourse, et l'autre au-delà de la terre.

Tout a été fait par le peuple : et rien n'est fait pour le peuple.

Fille de la nature, la société méconnaît sa mère. A sa fantaisie, à sa convenance, elle déclare les droits, prescrit les devoirs, rédige les lois.

Comme si elle existait *a priori*, comme si elle était de première origine.

La société n'est cependant qu'une institution secondaire, n'est qu'une invention d'ici bas, et non pas une création d'en haut.

Dieu fit la nature : l'homme fit la société.

Là, réside le principe : ici se montre la conséquence.

Le but est marqué par le principe : la conséquence doit tendre vers le but.

La nature fait la loi à la société; donc toutes les lois en émanent et s'y rapportent.

Le droit de nature dit les droits de société; lesquels n'en offrent que les développemens successifs.

Sinon, les lois, les droits; tout est faux.

Or, le droit de nature, la loi de nature, ne sont autres que le droit de vie, que la loi du besoin.

« L'homme est né pour vivre.

« Dans la nature, tel est le besoin : dans la société, tel est le droit.

« Car la société étant créée par et pour l'homme, son besoin constate, constitue son droit.

« L'homme apporte, dans la société, un besoin : la société reconnaît en lui, un droit.

« Il n'aspire qu'à vivre : il ne s'allie, ne s'associe que pour vivre.

« Le laisser vivre est un devoir, dont nulle cause, nulle chance ne dispense.

« L'aider à vivre est un devoir, dont l'impuissance seule exempte. » (*De la limite de l'impôt : janvier* 1830.)

Ainsi le besoin, le droit ne font qu'un.

Le besoin fait le droit ; comme la nature fait la société.

Vivre est un besoin et donc un droit. Laisser vivre, aider à vivre, sont donc des devoirs.

Devoirs également sacrés : l'un absolu parce qu'il est toujours possible ; l'autre relatif, en ce que parfois il est impossible.

Ici le raisonnement est vain ; n'étant apte à s'exercer qu'à l'aide de l'expérience, que par la voie de l'analogie.

La conscience est plus efficace,

Avoir besoin ! cette phrase commune, banale, lui porte un sens net, un sens plein.

Un homme a besoin : si le besoin n'est contenté, il languit, il meurt.

En venant au monde, n'était-ce donc que pour en sortir ? en entrant en rapport, n'était-ce que pour souffrir ?

Le sentiment religieux, l'instinct naturel ont la même réponse.

Le blasphême n'ose pas renier son Dieu, ni le mensonge recuser son cœur.

De là, le besoin appelle, ordonne, exige le moyen.

Avoir besoin, et n'avoir pas moyen, met le droit d'un bord, le devoir de l'autre.

Quiconque a plus de moyen que de besoin, est obligé, est endetté envers qui a plus de besoin que de moyen.

A défaut, qu'on ne parle plus de cité, de société, de communauté, expressions alors incompatibles.

Guet-à-pens, coupe-gorge, sont les mots appropriés à l'état des choses.

Vivre, tel est le besoin, tel est le droit de tête. Avant, il n'y a rien.

D'autres besoins, d'autres droits germent et croissent ensuite, à la suite.

Rien de mieux, tant qu'ils viennent en conséquence, tant qu'ils ne viennent pas à l'encontre.

Même la civilisation prise en droit sens, ne consiste que dans leur extension consécutive, dans leur progression indéfinie.

Mais en ce siècle, la civilisation est saisie à l'envers; les besoins et les droits fictifs étouffent le besoin ou le droit réel.

Entre ceux-là, y a-t-il paix, y a-t-il guerre? pour celui-ci, ce ne sont de même que risques, que pertes.

Déja dans le repos, surtout pendant la lutte, ces besoins, ces droits, s'allient, s'accordent et font corps, font masse.

Seuls ils frappent les sens : tout le reste s'échappe de la pensée, se dérobe au sentiment.

Sans qu'on s'en doute, sans qu'on y songe, à l'ordre de la propriété et de la sécurité, ou de l'égalité et de la liberté, le droit de vie, la loi du besoin, sont violés, sont immolés.

Et les honneurs, les profits ne manquent pas à qui les attaque ; non plus que les reproches, les injures, à qui les défend.

Combat trop inégal : où d'un bord, les brillantes phrases et les armes tranchantes sont maniées par l'égoïsme, le préjugé, la routine.

Où de l'autre bord, l'équité, l'humanité ont à soutenir des accens étouffés, des corps exténués.

Il y a besoin de vivre : donc il y a droit de vivre.

Comme rigoureusement parlant, c'est le seul besoin; aussi rigidement parlant, c'est le seul droit.

Cependant, à peine il est reconnu, et n'est pas encore dénommé.

Il serait assez bien désigné, ce semble, par cette expression : *le droit de vitalité.*

Au-delà, ce ne sont que des besoins fictifs et relatifs, subalternes, des besoins de jouissance ou de caprice.

Ce ne sont par conséquent, que des droits vagues et variables, subordonnés, des droits de circonstance et de passage.

On les connaît sous le nom de droits de propriété et de sécurité, de liberté et d'égalité : ceux-là de l'ordre matériel; ceux-ci de l'ordre intellectuel.

Ainsi va le cours des choses, que le besoin inné, que le droit increé, est de jour en jour repoussé, refoulé par les besoins, les droits inventés.

Par suite de la progressibilité physique et morale, la population, la production s'accroissent; et les relations se multiplient, se compliquent.

En même temps que la société s'éloigne de l'époque d'origine, elle s'écarte du principe d'origine.

Les effets successivement enfantés couvrent le sol, chargent les airs, effacent toutes les traces de la cause mère.

D'abord, l'homme n'aspire qu'à vivre : et cela au jour le jour, au taux de rigueur, au prix des risques et des peines.

L'instinct, l'appétit sont bornés à se pourvoir, à se remplir, et prendre repos.

C'est le temps des peuples chasseurs, bergers, pêcheurs.

La loi du besoin y est reconnue, sinon en due forme, au moins en réalité : le droit de vitalité s'y exerce librement, pleinement, constamment.

La mesure du besoin étant égale, la limite du droit et du moyen reste semblable.

Le besoin emporte le droit, implique le moyen.

En fait de droit et de moyen, il n'y a point d'accumulation, il n'y a point de privation.

Bientôt l'homme convoite de jouir : et cela dans l'avenir, au point de l'excès, à l'abri des peines, des risques.

La pensée et la réflexion sont vouées à prétendre de plus en plus, à ne s'assouvir jamais.

C'est le cas des nations agricoles, commerciales.

La loi du besoin, y est méconnue, si ce n'est en théorie, au moins en pratique : le droit de vitalité ne s'exerce que partiellement, que fortuitement.

Au mépris de la mesure égale du besoin inné, la limite du droit et du moyen varie exorbitamment.

Le droit, le moyen légalisés, s'élèvent contre le besoin légitime.

Le pouvoir n'agit que dans le sens de la propriété, de la sécurité : sans cesse, sans borne, il y a accumulation et privation, de sorte qu'il lui faut user de sa force jusqu'à l'épuiser.

Et tôt ou tard, survient quelque révolution radicale, qui ramène à l'état de barbarie, la société partie de l'état sauvage.

Tel est le cours de la lutte, entre le droit de vitalité ou d'existence, et le droit de propriété ou de jouissance.

L'*être*, l'*avoir*, ces deux mots rendent l'idée des principes antagonistes, incompatibles, qui se débattent dans l'ordre social.

Comme la nature a donné l'être à l'homme, il y a seulement à le conserver : comme l'être est donné par la nature, ses frais d'entretien sont modiques, sont uniformes.

Au contraire, l'avoir ne se montre que dans la société ; et il y a à le conquérir, à l'aggrandir, à le garantir, dans une mesure indéfinie, avec des efforts incessans.

L'être est sobre : l'avoir est insatiable.

Or l'être crée l'avoir. L'être, le travail, le produit, l'avoir s'enfantent, s'alimentent successivement.

» Et l'avoir tue l'être ; en ne lui allouant pas assez du produit, pour entretenir sa force de travail.

D'où, l'être manque au travail, et le travail au produit, et le produit à l'avoir.

On doit comprendre à titre d'utile, que respecter l'être, c'est protéger l'avoir ; comme à titre de juste, que le droit à l'être, est au-dessus du droit à l'avoir.

Cela est à peser rationnellement autant que consciencieusement : car entre les forces contendantes de l'être et de l'avoir ; l'une est native, et l'autre factice ; celle-là est ascendante et celle-ci déclinante.

Les siècles édifient ; un jour abat et rase (1).

---

(1) « Le droit de la guerre, c'était donc de tout tuer pour tout prendre. Fait constitutif d'une société qui, ne pouvant vivre qu'en tuant, était littéralement assise à l'ombre de la mort. C'était le droit de cette société : nous devons frémir

Que la lumière éclaire ou que la foudre écrase. Tel est l'arrêt d'en haut, le plus certain qu'il soit.

Sauf à périr, société et humanité ensemble, ce qu'on appelle jusqu'à présent une folle utopie, devra passer en lois, en mœurs.

Il y aura à sentir, à remplir le devoir d'aider à vivre en tout cas, de donner à vivre au besoin ; c'est-à-dire de ne pas laisser mourir.

Mais les espoirs, les efforts, ne remontent pas si haut, ne s'élèvent pas si vite.

En notre état de recul progressif, de rétrogradation successive, la prescription de ne pas

---

moins du carnage que de la cause dont il était la conséquence. La cause immédiate que nous avons assignée à cet état de guerre générale, la misère nous en explique le droit, qui n'est autre que le *droit de vivre*. C'est une loi invincible de la nature, que nous voulons tous vivre, et que nous regardons comme ennemis tous ceux qui nous ôtent la vie, de près ou de loin, d'un coup ou de mille, par le glaive ou la faim. C'est ce que la *nécessité* a appris aux barbares et l'*usage* aux nations, dit Cicéron, (*Necessitas barbaris, mos gentibus*) ; ce mot résume tout ce que nous avons dit plus haut. Or, cette nécessité existe pour l'indigent que la société, en se multipliant affame : il faut donc l'absoudre, lorsqu'il défend même à main armée une vie qu'on lui dispute : « Rien en cela, dit Grotius, n'est contraire au droit naturel. » (*Revue européenne*, *De la misère publique*, tome 2.)

laisser mourir ou de faire vivre, verrait tourner les têtes.

A peine peut-on recommander de ne pas faire mourir ou de laisser vivre.

Réduite à ces termes, la solution est facile, ce semble :

Faut-il laisser ou ne pas laisser vivre?

Faut-il ne pas ravir ou ravir l'être?

Faut-il que le droit de vitalité s'exerce?

Faut-il que la loi du besoin ne soit pas violée?

Faut-il que le fonds du nécessaire reste intact?

Faut-il que le mode progressif de l'impôt soit admis?

Toutes questions qui ne font qu'une question : chacune étant l'expression variée, la traduction implicite de la précédente.

Toutes questions,qu'au temps prochain où elles vont être tranchées de gré ou de force, il paraîtra inconcevable qu'elles aient jamais été posées.

Toutes questions, dont le mépris servirait de juste titre à une crise de renovation sociale, et ne sert que de lâche et traître prétexte aux crises de révolution politique.

On voit qu'embrassant le cycle entier des destinées humaines, cette série de questions émane de la loi naturelle, loi de premier ordre, et aboutit à la loi fiscale, loi de dernier ordre.

C'est que les extrémités du cercle viennent à s'approcher, à se rejoindre.

C'est que l'immense circonférence n'est chargée que d'idéalités vouées à s'évanouir l'une après l'autre, et que les réalités se rencontrent en deux points seulement.

Avant tout, l'homme est animal, et l'animal est organique.

Or, pour l'animal organique, il n'y a de vrai que l'être, de réel que la vie.

Qu'importent les formes ? monarchie caduque ou imberbe, olygarchie héritée ou usurpée, république unitaire ou fédéraliste.

Anciennes, ces formes se chargent de la rouille du temps, et se brisent dans l'œuvre de les restaurer.

Nouvelles, elles ont détruit les rapports moraux, les ressources matérielles, et tardent ou échouent à les rétablir.

Si bien qu'en tout cas, l'être, la vie, sont de plus en plus en risque, en manque.

La loi fiscale est invoquée à l'aide, à l'appui. Il ne lui est pas ordonné de faire vivre; mais elle est astreinte à laisser vivre.

« L'impôt doit épargner, exempter le nécessaire.

« Où il n'y a rien, le roi perd ses droits, disait un vieil adage.

« Où il n'y a que de quoi exister, il n'y a rien; car il faut être, avant d'avoir. » (*La Loi des circonstances*, 1830.)

En fait de sens, tout est là.

En fait de mots, veut-on plus?

Il y a moyen d'exhumer, d'écrits en date de 1790, quelques développemens (1).

Date remarquable, qui démontre ces deux points : et qu'un homme au moins est immuable en ses vues de vraie libéralité ; et que le pouvoir quelconque, reste immuable aussi dans ses voies de faux libéralisme.

« Le strict nécessaire n'entre point dans le fonds social, ne rentre point sous la loi sociale.

« Ce n'est pas un droit qui puisse être cédé ni accepté que le droit de l'existence. L'homme ne cède pas le moyen dont l'emploi lui donne l'être; la société n'accepte pas le pouvoir dont l'exercice en tuerait le principe.

« Parce que l'homme a l'existence, il a une volonté : sa volonté n'aliène pas son existence.

« Parce que des hommes vivent et veulent, il y a une société : la société ne peut réagir contre les conditions de la vie, ne peut supposer une volonté tendant à la compromettre.

« Le nécessaire réel, égal, constant, n'est point de ces choses qui ont été mises en communauté; car chacun a le sien, nul n'a plus que le sien.

« Il n'est point de ces choses qui sont soumises aux règles de la société; car la société n'existe que par la volonté de l'homme ; et l'homme

(1) Voir le *Moniteur* du 27 mai 1790.

n'exerce sa volonté que dans le sens de ses besoins.

« Le fonds du nécessaire ne fait point partie du revenu public; il ne compte point dans la masse des richesses nationales: attendu qu'il est appliqué au maintien de la vie, qu'il est absorbé par l'acte de la vie.

« Comme sa valeur est consommée, consumée dans le travail, dans l'œuvre de l'existence, le résultat, le résidu est le même que si l'homme vivait de l'air du temps, et que cette valeur n'eût pas été produite.

« Il ne se peut que le fonds du nécessaire ait été remis en garde aux soins de la société; laquelle, au contraire, n'est que trop disposée à l'envahir, à le confisquer.

« Ni qu'il en soit offert une part, en acquit des frais de la société; d'autant qu'en le laissant entamer, le reste faillirait à soutenir la vie.

« L'homme n'a donc point consenti à contribuer aux charges publiques sur le montant du strict nécessaire.

« Il y consent encore moins dans un état de choses où le sacrifice est tellement inégal entre celui qui paie sur son nécessaire et celui qui paie sur son superflu;

« Dans cet état où l'impôt est tellement exhorbitant, qu'il desséche les sources du travail nutritif, et qu'il attaque jusqu'aux dernières ressources de l'existence.

« Ne parlons pas tant de liberté : le vrai peuple, la population laborieuse, est inepte à la sentir, à en jouir, à se la garantir.

« Ne parlons pas tant d'égalité, de souveraineté : les classes aisées et éclairées ne songent qu'à s'en attribuer le monopole.

« Parlons moins : faisons ce que nous disons, ou ne disons que ce que nous faisons (1). »

---

(1) Les hommes de loisir veulent la liberté, à condition qu'elle leur donnera le pouvoir : ils se répandent dans les élections, s'élèvent à la députation, aspirent au ministère.

Les écrivains, les savans et les artistes comprennent la liberté comme un principe, comme une passion, comme une garantie. Ils en font le code et la logique; ils en réclament toutes les conséquences, liberté individuelle, liberté de conscience, liberté de la presse, liberté de la tribune et droit de suffrage.

Les hommes d'affaires, les têtes du commerce et de l'industrie n'exigent que l'abaissement de toutes les barrières et de toutes les entraves, l'ordre et la sécurité. Leur haine est pour les monopoles; un débouché ouvert leur vaut mieux que le suffrage universel : ils demandent en masse la décroissance progressive des douanes et la plus grande liberté possible du travail.

Les résultats matériels de la liberté sont les seuls qui trouvent les masses sensibles. Elles n'entendent pas l'indépendance au prix de la misère, et voilà pourquoi nos idées de révolution ne sont jamais séparées dans leur esprit, de l'abolition ou de la diminution de certains impôts. . . . .

Le peuple ne conçoit pas les révolutions dans l'état, s'il n'y a tout ensemble un changement heureux dans son sort. Jusqu'à ce qu'il soit assez avancé pour apprécier les choses par leur côté moral, chaque mouvement de la civilisation doit réaliser pour lui un avantage matériel. Henri IV avait parfaitement saisi cet instinct populaire, quand il prétendait que le fruit de son règne fut de mettre le dimanche la poule au pot dans toutes les familles. (*Le Temps*, 21 août 1832.)

FIN.

A. PIHAN DELAFOREST,
IMPRIMEUR DE LA COUR DE CASSATION,
rue des Noyers, n° 37.

www.ingramcontent.com/pod-product-compliance
Ingram Content Group UK Ltd.
Pitfield, Milton Keynes, MK11 3LW, UK
UKHW020404220726
13923UKWH00004B/1726